NOUVELLES
OBSERVATIONS
POUR
LE BARON CANUEL,

Lieutenant-général des Armées du Roi, Inspecteur-général d'Infanterie.

A LYON, de l'Imprimerie de Brunet, place St.-Jean.

NOUVELLES OBSERVATIONS

POUR LE BARON CANUEL,

Lieutenant-général des Armées du Roi, Inspecteur-général d'Infanterie.

———————

Poursuivi sur une plainte dressée par M. le
Procureur du Roi, incarcéré (1) et gardé au secret par une mesure hors de toutes les formes légales, je croyais n'avoir à me défendre que dans
une lutte judiciaire, je ne m'attendais pas que j'au-
rais à combattre les efforts d'une puissance étrangère
aux tribunaux. Du jour où j'ai connu l'extravagance
et la puérilité de l'accusation, je me suis promis un
triomphe. Je me disais : Je retrouverai mes concitoyens exempts de préventions, et remplis de cet
intérêt noble et sacré dû à un homme de bien ino-
pinément accusé du plus odieux des crimes.

Mais au moment où mon secret est levé (2), au
moment où, après un mois environ, il m'est enfin
permis de communiquer avec d'autres personnes
que le juge instructeur et les geoliers, j'apprends
que des dénonciateurs anonymes, désespérant d'ar-
river par les seules voies de la justice au but qu'ils

———————

(1) Le 23 juillet.
(2) Le 18 août.

se proposent, et mettant lâchement à profit l'espèce d'anéantissement où j'étais plongé, ont dirigé contre moi une accusation publique; ils ont fait naître, contre le vœu de nos lois, une sorte de *débat extrajudiciaire*, et, trompant ainsi les esprits en France et chez l'étranger, ils ont travaillé à me faire condamner dans l'opinion, bien assurés d'avance que je serais acquitté par les magistrats et les lois.

Lorsque la procédure sera enfin rendue publique, la France et l'Europe seront indignées de la monstruosité de l'accusation, du défaut absolu de preuves, de l'absurdité des allégations, et de ce misérable assemblage de faits insignifians dont on a composé le prétendu complot dénoncé aux tribunaux.

Alors aussi sera dévoilé tout le système auquel sont liées ces coupables manœuvres.

Jusque-là, mon premier soin doit être de détruire d'injustes préventions. Pour que les accusés puissent plus tard retrouver dans l'opinion l'impartialité qui leur est due, il suffira de rappeler quels efforts ont été employés depuis deux mois pour la pervertir. On espérait sans doute que, dût l'accusation n'obtenir aucun résultat, du moins le soupçon du crime occuperait long-temps encore la pensée du prince et des sujets.

Le 2 *juillet dernier*, à *cinq heures du matin*, des agens de police se sont présentés à-la-fois chez MM. de Chapp'delaine, Romilly, Songis et Joannis; ils les ont arrêtés et se sont emparé de leurs papiers, en vertu de mandats délivrés le *même jour*, *2 juillet*, par M. le juge d'instruction, sur le vû d'un réquisitoire de M. le procureur du Roi , daté du *même jour* , 2 *juillet* , et sur le vû des *pièces et documens joints à ce réquisitoire*. Ces Messieurs furent de suite interrogés par le juge d'instruction, et envoyés en prison pour y rester au secret.

Cette précipitation et cette rigueur , les bruits aussitôt répandus d'une grande conspiration contre la personne du Roi , tendaient à effrayer et à donner cette pensée que , sans de justes causes , on n'aurait pas recours à des mesures aussi sévères.

Bientôt moi-même j'ai partagé le sort de mes malheureux amis.

Cette mise au secret était illégale ; vainement mes conseils ont élevé leurs réclamations à ce sujet, dans des *observations préliminaires*.

Durant vingt jours encore on a continué de me soumettre à cette nouvelle *torture préparatoire* , qui n'est autre chose que la peine de la *gêne* (1) , infligée , par le code de 1791 , aux *ministres prévaricateurs* , et aux *auteurs d'attentats à la liberté individuelle* (2).

C'est cette peine que l'on fait subir aujourd'hui dans l'instruction judiciaire, comme une simple mesure de précaution , à des citoyens qui ne sont pas

---

(1) « Tout condamné à la peine de *la gêne* , sera enfermé seul » dans un lieu éclairé, sans fers, ni liens ; il ne pourra avoir, pen- » dant la durée de sa peine, aucune communication avec les autres » condamnés ou avec les personnes du dehors. » Art. 14, tit. 1.er, I.re part. , loi de sept. 1791.

(2) Art. 16, 17 et 20 de la 3me. sect., IIme. part. de la même loi.

même en état de prévention légale. Et cependant on chercherait vainement, dans plus de quarante mille lois qui nous régissent, une seule disposition qui autorise, en termes exprès, à soumettre les détenus à de pareilles rigueurs (1).

Cette condamnation arbitraire à la mise au secret, eût-elle été d'ailleurs autorisée par les lois de l'an III et de l'an VIII, ou par celles de Buonaparte, il est évident qu'elle serait abolie par la Charte constitutionnelle. La Charte, a dit un noble Pair, n'existe plus pour un homme au secret.

La mise au secret est une atteinte à l'article 4 de la Charte, qui veut qu'un citoyen ne puisse être arrêté que dans les formes prescrites par la loi.

Le Français mis au secret perd le droit consacré par l'article 8, de publier et de faire imprimer ses opinions.

S'il est éligible, il ne peut rassurer ses amis sur les causes de son arrestation, leur rappeler ce qu'il a fait pour le bien de l'état ; il est ainsi privé des avantages du plus beau des droits constitutionnels, celui d'être appelé à la chambre des députés.

Enfin, l'individu tenu au secret ne peut user du droit de pétition aux chambres, dernière ressource contre les actes arbitraires. Il perd même *le recours*

____

(1) Pendant ma mise au secret, mes conseils avaient fait une consultation sur l'illégalité de cette mesure ; ils y démontrent qu'elle n'est autorisée par aucune loi, si ce n'est dans le cas où un prisonnier se rend coupable de violences ou d'indiscipline. La levée du secret a arrêté la publication de ce travail ; elle pourra avoir lieu plus tard.

à son souverain, droit sacré pour les sujets dans tous les états policés, droit qui ouvre la plus noble carrière aux vertus bienfaisantes du monarque.

La mise au secret anéantit tous les droits sanctionnés par la Charte, elle est donc contraire à la Charte ; et si l'on découvrait enfin une loi qui autorisât cette mesure, cette loi serait abolie aux termes de l'article 68 de cette même Charte, qui n'a laissé en vigueur que *les lois existantes qui ne sont pas contraires à ses dispositions.*

Si tous ceux qui décernent des mandats d'amener se croient en droit d'ordonner la mise au secret, combien de fonctionnaires, à-la-fois ; deviendront maîtres en France d'anéantir toutes les libertés des citoyens.

Nous avons 374 juges d'instruction et 363 procureurs du Roi, le préfet de police à Paris, quelques préfets dans les départemens, par une extention forcée de l'article 10 du Code d'instruction criminelle, se sont arrogés le droit de décerner des mandats.

Ces mandats, suivant l'article 98 du même Code, sont exécutoires dans tout le territoire du royaume : où se cacher pour éviter la main de plus de huit cents fonctionnaires publics, qui s'attribuent ainsi la faculté de nous ravir les beaux privilèges que le Roi a rendus à ses peuples (1) ?

---

(1) Comment ne pas être épouvanté des conséquences de ce système, quand on pense que la durée du secret est illimitée ! Il est des exemples effrayans de pareilles détentions.

Un sieur Maubreuil a été tenu au secret pendant six cents jours. En 1817, les frères Duclos y sont restés l'un et l'autre durant cent

La mise au secret met les citoyens hors la Charte ; elle est arbitraire , elle est illégale , elle est cruelle. Je m'en plains surtout parce qu'en voyant qu'on usait contre moi d'une pareille mesure pendant 27 jours, que mes prétendus complices en étaient victimes durant 40 jours , nos concitoyens trompés , ont pu juger de la gravité de l'accusation , par l'excès des rigueurs exercées contre nous.

Ce n'est pas tout, il existe dans quelques journaux anglais une correspondance privée , fabriquée à Paris , et dont les auteurs bien connus appartiennent au ministère de la police générale. Je ne les nomme pas encore , j'ai mes preuves cependant ; elles ne sont point *légales* , en ce qu'elles ne *résultent pas d'un jugement* (1) , mais elles pourront le devenir.

Il en coûte annuellement cent mille écus à la France pour salarier les divers journalistes Anglais , chargés d'imprimer cette correspondance et de la commenter.

Telle est la voie à laquelle on a eu recours pour tromper sur la prétendue conspiration. Avec quel empressement ne l'a-t-on pas fait ?

Dans un article inséré le 24 juillet au *Journal des débats* , on remarque cette phrase jetée à dessein pour détourner les plus justes soupçons : *Jusqu'ici nous ne voyons dans cette affaire , d'action que celle de la puissance judiciaire.*

---

quatre-vingt-trois jours. Le sieur Crouzet, pendant cent dix jours. Le sieur Bonnet, pendant quatre-vingt-onze jours , etc. Ces quatre derniers individus ont été acquittés à la cour d'assises de l'accusation portée contre eux.

(1) Art. 370 , Code pénal.

(9)

Cependant on a vu plus haut que les arrestations n'ont été faites que le 2 juillet, en vertu de mandats décernés le 2 juillet, sur le vû d'un réquisitoire du 2 juillet. Ce n'est donc que le 2 juillet que l'autorité judiciaire a commencé à agir. Et dès le 1.er, un journal anglais (*The Times*) contenait sous le titre de *Correspondance privée*, une lettre datée de Paris le 27 juin (1), dans laquelle on donne des détails sur la prétendue conspiration ; on annonce même des arrestations ! Dans cette lettre, le correspondant de Paris donne avis au journaliste anglais que la police est *très-désireuse* (very anxious) de répandre le récit de la découverte de ce complot.

Une autre lettre datée de Paris le 2 juillet, et publiée à Londres le 6, portait : *C'est le Ministre de la police qui a tout découvert ; il a mis l'affaire, dimanche (28 juin), sous les yeux du Roi.*

Ainsi, dès le 27 juin, et par trois lettres à-la-fois, les correspondans privés de Paris se sont empressés de révéler à leurs lecteurs de Londres, une affaire dont le Roi de France n'a été instruit par le rapport de son Ministre, que le lendemain 28.

La puissance judiciaire a donc été devancée dans ses démarches par une autre puissance ; les magistrats instruisent le procès ; d'autres avant eux en ont élaboré les matériaux. C'est cette même puissance qui a si bien endoctriné les correspondans privés jusqu'à ce jour ; et malgré les réclamations élevées contre le scandale de ces intrigues (2), tout

____

(1) Trois lettres sont parties de Paris sous cette même date du 27 juin, et ont été insérées le premier juillet, dans 3 gazettes anglaises.

(2) Voyez les *Observations préliminaires.*

ce travail n'a point été interrompu. Les lettres se succèdent rapidement, les événemens les plus secrets à Paris y sont divulgués, les mensonges les plus avérés y sont débités avec assurance, les plus odieuses calomnies y sont prodiguées, et tous ceux qu'une puissance inconnue veut diffamer au yeux de l'Europe, sont signalés de la manière la plus claire dans ces lettres datées de Paris (1).

Bientôt les écrits périodiques en France (2) ont publié des extraits de cette correspondance. La calomnie et les injustes soupçons se sont ainsi répandus de toutes parts. Enfin le lendemain de ma mise au secret, des articles perfides ont été insérés dans les journaux de Paris. Ils y ont été apportés par des gendarmes. L'un de ces articles, qui a servi de texte à tous les autres, était rédigé par un homme à qui la nature de ses hautes fonctions commandait plus de respect qu'à tout autre pour des citoyens remis aux mains de la justice, et dont les magistrats seuls devaient examiner la conduite.

L'impartialité de l'opinion publique ne devait-elle pas céder à tant d'efforts artificieusement combinés? Si l'opinion en France a pu résister, si les plus cruelles préventions n'ont pas pénétré tous les cœurs,

----

(1) Dans les interrogatoires qu'on m'a fait subir, on m'a nommé toutes les personnes désignées dans la correspondance privée ; ce qui prouve encore avec quel soin le correspondant est instruit des moindres détails.

(2) *La Minerve*, les *Lettres normandes*, la *Bibliothèque historique*.

Les auteurs de ce dernier ouvrage, disent au sujet de la correspondance extraite du *Times*, « Nous laissons à l'intelligence du lecteur à reconnaître la source de ces articles, et à distinguer ceux qui ont un caractère *semi-officiel*. »

il ne le faut attribuer qu'à l'instinct généreux du caractère français , et à la maladresse des accusateurs , qui ont trop laissé voir la main d'où sont partis ces traits envenimés.

Il y a loin assurément d'un pareil système au principe de cette belle loi romaine , qui voulait qu'on donnât des gardes à l'accusateur , pour qu'il fût hors d'état de corrompre les juges et les témoins. « Caton d'Utique (1) accusoit Muréna d'avoir cor- « rompu et acheté les voix du peuple pour par- « venir au consulat, et alloit recueillant çà et là des « preuves , et selon la coustume des Romains , il y « avoit, de la part de l'accusé, des gardes qui le « suivoient partout , regardant et observant ce qu'il « faisoit pour l'instruction de son procès. »

Ici les accusateurs sont libres , ils sont puissans, toutes les voies leur sont ouvertes pour tromper et corrompre , tout les seconde ; accusé , jeté dans les fers , tenu au secret , je ne connoissais ni les accusateurs ni l'accusation ; tout luttait contre moi , toutes les voies m'étaient fermées pour repousser leurs attaques et désabuser mes concitoyens et les étrangers.

Cependant ces accusations anonymes , ces préventions distribuées avec calcul , pouvaient bien embarrasser le juge instructeur, en accroissant à ses yeux l'importance de la dénonciation, mais elles n'ajoutaient réellement rien à la procédure qui se poursuivait de jour en jour. D'ailleurs le public, qu'on travaillait avec tant de zèle , contraint en quelque sorte de croire à l'existence d'une conspi-

____

(1) PLUTARQUE, *De l'utilité à tirer de ses ennemis.*

ration horrible contre la personne du Roi, n'en pouvait encore concevoir ni *le but*, ni *les prétextes.*

Il fallut donc s'occuper à-la-fois de satisfaire le public, et de faire entrer une pièce de plus dans le procès.

La correspondance privée du 8 juin avait annoncé un certain Mémoire adressé par des royalistes aux puissances étrangères, pour solliciter, disait-on, la prolongation du séjour de l'armée d'occupation.

La même correspondance privée, sous la date du 10 juillet, nous apprend tout-à-coup que les principaux coupables de la conspiration sont les auteurs mêmes de ce Mémoire.

Il paraît qu'on s'était procuré, en effet, la copie d'une note, présentant un *aperçu de la situation de la France au mois de mars 1818.*

Cette note, loin de demander le séjour des troupes alliées, démontre au contraire la nécessité de leur prompte retraite.

L'auteur appelle l'occupation militaire une *exécrable détermination. Que seraient*, dit-il, 120,000 *hommes qui devraient occuper la France, contre le sentiment profond d'horreur qui s'établirait contre eux dans toutes les classes de la Nation !* etc.

L'auteur, dans un second chapitre, démontre la nécessité de soutenir le principe de la légitimité; puis, discutant les avantages du gouvernement représentatif établi par la charte, il prouve *que ces formes constitutionnelles sont les mieux adaptées aux circonstances où la France se trouve placée; qu'elles conviennent à l'esprit des hommes et des temps.... Qu'on ne pourrait pas rétablir ce qu'on appelle l'ancien régime ; que tous les élémens en sont brisés, et que la poussière même en est dispersée.*

A la vérité, l'auteur, en terminant son ouvrage, établit que les ministres actuels sont incapables ; qu'ils ne comprennent pas le gouvernement représentatif ; que chaque jour ils violent la Charte , et qu'il devient indispensable de les renvoyer.

Tel est l'esprit de cette note.

On se décide cependant à la faire imprimer , et ainsi que l'avait fait pressentir la correspondance privée du 10 juillet , on s'efforce de la rattacher à un prétendu complot , dont le résultat serait d'anéantir la Charte , à ce complot dans lequel les amis zélés de la légitimité auraient juré d'assassiner leur Roi légitime !!!

Que de révoltantes absurdités dans ce système d'impostures !

On imprime donc cet *aperçu de la situation de la France au mois de mars* 1818 ; et , par la plus détestable perfidie , on lui prête ce titre nouveau : *note secrète exposant les* PRÉTEXTES *et le* BUT *de la dernière conspiration.*

Un avertissement de l'éditeur dit *qu'on manquait d'une pièce positive qu'on pût regarder comme le manifeste,* etc ; que celle qu'on publie a une *destination connue ;* que c'est *un manifeste* , un PLAN DE CONSPIRATION , un *crime de trahison envers la nation et le Roi.*

On s'empare de ce que l'auteur du Mémoire a dit sur la nécessité de changer les ministres, pour souligner ces mots *changement des ministres* , dans le dessein d'établir quelques rapports entre la note secrète, dont le premier chef est un projet de faire changer le ministère.

Mais de nombreux rapports viennent apprendre bientôt que la publication de cette note , loin de remplir l'espoir des éditeurs , donnait sur la conduite des ministres de fâcheuses lumières ; et le samedi 1.er août , après avoir délivré à midi le récépissé de la seconde édition , on fait saisir l'ouvrage.

Toutefois personne jusqu'à ce jour n'a entendu dire qu'on ait poursuivi l'éditeur ou l'imprimeur de ce *plan de conspiration.*

Quand la vente de la note secrète est arrêtée , celui qui s'en était fait l'éditeur , et qui avait composé l'avertissement qui la précède , publie librement une réfutation 1) , et par des impostures que détruit même le texte de la note , on irrite encore l'opinion publique contre les malheureux qui gémissent dans les fers comme impliqués dans la *dernière conspiration.*

Par suite de toutes ces manœuvres , un exemplaire imprimé de la note devient pièce au procès. Un exemplaire imprimé ! sans que l'original soit produit, sans qu'on sache , si toutefois il existe , en quoi il diffère de l'imprimé livré au public ! On appelle des témoins , on leur fait parapher l'exemplaire remis au juge instructeur , et en m'interrogeant sur la conspiration , on me demanda à moi si j'ai connu la *Note secrète......* imprimée et publiée pendant ma mise au secret !!!

C'est ainsi qu'on s'est efforcé de présenter au public le *But* et les *Prétextes* qu'il cherchait inutilement dans cette prétendue conspiration ; on a cru donner un appui à la dénonciation , et prêter un corps à un vain fantôme.

Qu'on juge de ma douleur et de mon indignation, quand une voix amie , pénétrant enfin dans ma prison , a pu me révéler les manœuvres ourdies contre moi et les autres victimes de la même persécution ?

J'interroge ma conduite , et ne puis découvrir par quelle fatalité j'ai été choisi pour recevoir ces injustes atteintes , dont on espère que le contre-coup portera loin.

---

(1) *Réponse aux ultrà-royalistes , ou Réfutations,* etc. D'autres écrivains *appointés* et les feuilles ministérielles ont aussi publié bon nombre de réflexions, de considérations , etc.

Il n'est personne qui ne doive être effrayé des suites funestes de ce système de diffamation, sous une législation telle que la nôtre, dans l'état actuel de l'institution du jury en France. C'est en effet au milieu de ce public qu'on trompe et qu'on irrite par tant de manœuvres, que doivent être choisis nos jurés.

Comment et par qui seront-ils choisis ? C'est un préfet de département qui compose une liste de soixante jurés ; il les prend parmi les employés à la nomination du Roi (1), et parmi les employés des diverses administrations jouissant d'un traitement de 4000 fr. (2). Enfin le préfet peut porter sur la liste des jurés ceux même qui, n'ayant aucune des qualités exigées par la loi, seront agréés par le ministre, d'après les renseignemens avantageux obtenus sur leur personne (3).

La liste sera réduite au nombre de trente-six par le président des assises ; et alors un fonctionnaire révocable, le procureur général, aura encore le droit de récuser un tiers des jurés restans.

C'est devant ces jurés, et après que tant d'attaques auront été livrées par l'autorité à l'opinion publique, qu'il faudra se défendre d'une accusation dirigée par les Ministres.

Toutefois ce ne sont ici que des réflexions générales, et dans le seul intérêt des libertés publiques ; pour moi, je suis loin de redouter l'issue de ce procès. Tant d'efforts seront perdus et tourneront à la honte de leurs auteurs ; assez long-temps déjà a duré ma captivité ; je hâte par mes vœux le jour du jugement.

Aussi, de toutes les afflictions qui ont pénétré mon ame depuis trois jours que je suis hors du secret, la plus cruelle a été d'apprendre que des bruits publics annonçaient déjà que je ne serois point

---

(1) Sur la présentation des Ministres.
(2) Qui sait si les rédacteurs de la correspondance privée ne seraient point appelés à faire partie de la liste des jurés ?
(3) Art. 382, 386 387 du Code d'instruction.

jugé ; qu'un acte solennel abolirait l'accusation et là procédure , et qu'on voulait jeter le voile sur cette affaire.

Mes malheureux amis ont partagé mes sentimens.

C'est la même perfidie qui a propagé ces funestes rumeurs ; tout ceci tend encore à fortifier d'odieux soupçons , dont je ne serais pas la seule victime.

Mais accepterais-je donc une grace qui me couvrirait de honte (1) ? Il n'est au pouvoir de personne au monde de m'enlever mes juges. Étouffer cette affaire , ce serait paraître accorder un pardon ; je suis innocent , et je demande justice. La clémence ne peut s'exercer qu'en faveur des coupables. Plus je songe aux vertus de mon Roi, à sa haute sagesse, à son amour du bien public, au respect qu'il a toujours fait éclater pour les droits du moindre de ses sujets, plus je suis assuré que je ne serai point privé des tribunaux auxquels je me suis livré avec confiance.

Cependant je ne puis me défendre d'une sorte d'inquiétude , lorsque je réfléchis sur la détresse à laquelle sont réduits mes accusateurs ;, sur le dénûment de toutes preuves et des plus légers indices , où les laisse une instruction déjà si longue. Tout ce système de conspiration est si absurde , on attache tant de prix d'ailleurs à livrer d'illustres personnages à d'odieux soupçons , qu'il se pourrait en effet qu'il n'y eût plus d'autre ressource , pour sortir de ce dédale , d'autre moyen de tromper plus long-temps , que d'arrêter l'instruction dans sa marche, et d'empêcher que , par un jugement solennel , la vérité ne soit enfin révélée.

A la Conciergerie , le 21 août 1818.

Signé Le Baron CANUEL.

M.ᵉ BERRYER fils , *Avocat.*

---

(1) *Indulgentia quos liberat, notat : nec infamiam crimini tollit, sed pœnœ gratiam facit.* Leg. ult. Cod. de gen. abolit.